책이 입은 옷들

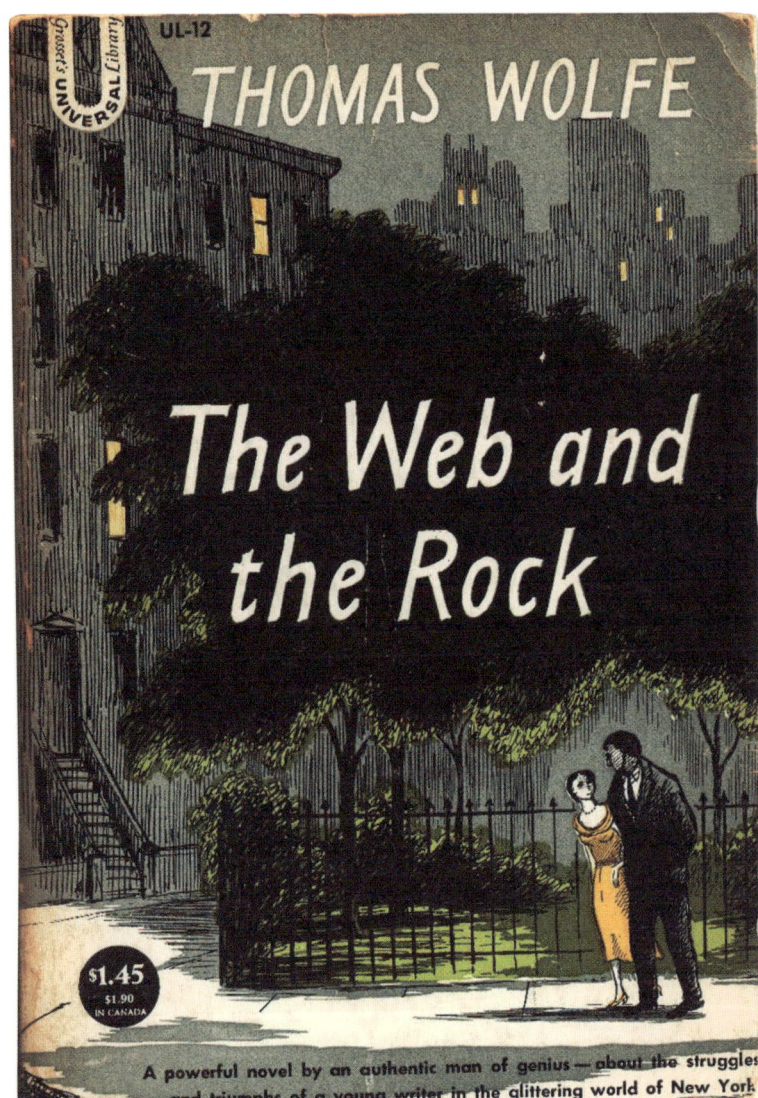

미국인 삽화가
에드워드 고리가 표지를 그린
포켓북 전집

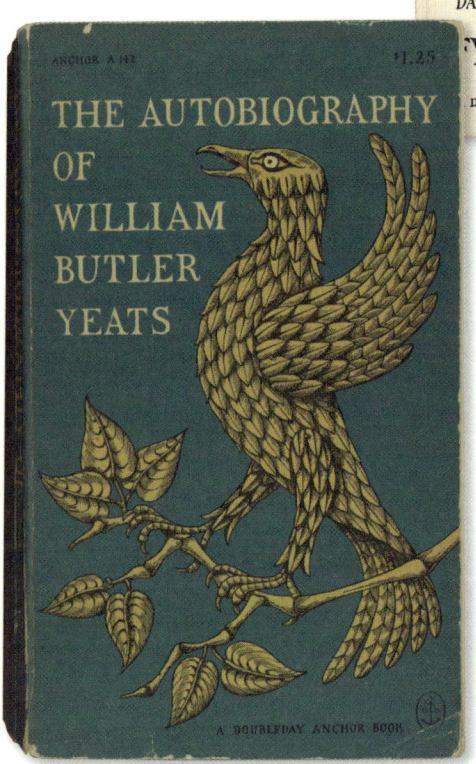

Anchor A 138         $1.25

# HENRY JAMES
# The Awkward Age

A Doubleday Anchor Book

버지니아 울프와 그녀의 친언니 버네사 벨의 공동 작업

"아름다운 표지는
기쁨을 준다.
내 말을 귀 기울여 듣고
이해해주는 느낌이다"

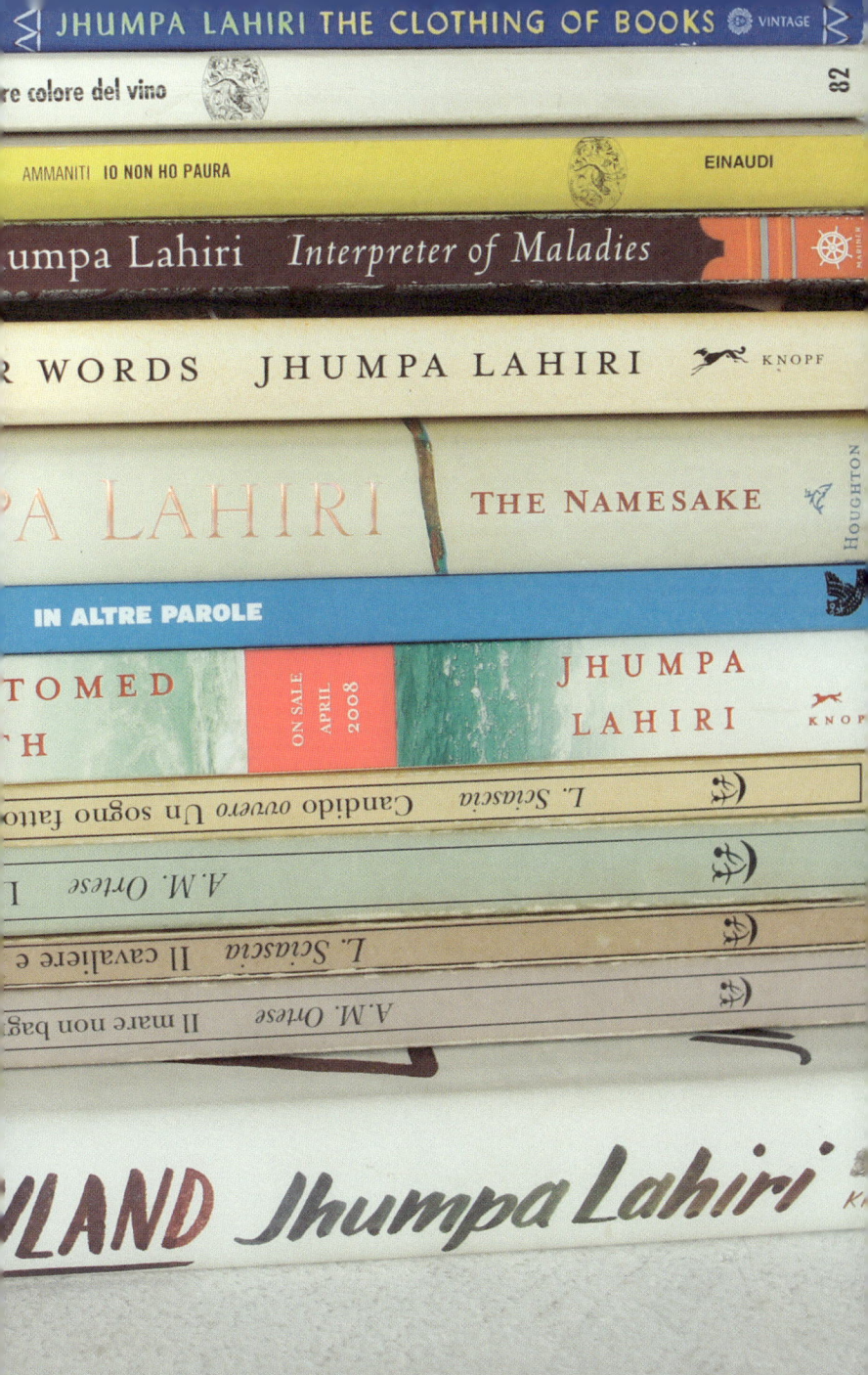

"내 책상에는 아델피 작은 서재라는 제목의
시리즈물이 놓여 있다.
어수선한 내 책상에 비하자면
우아한 존재고 매력적인 작은 섬이다"

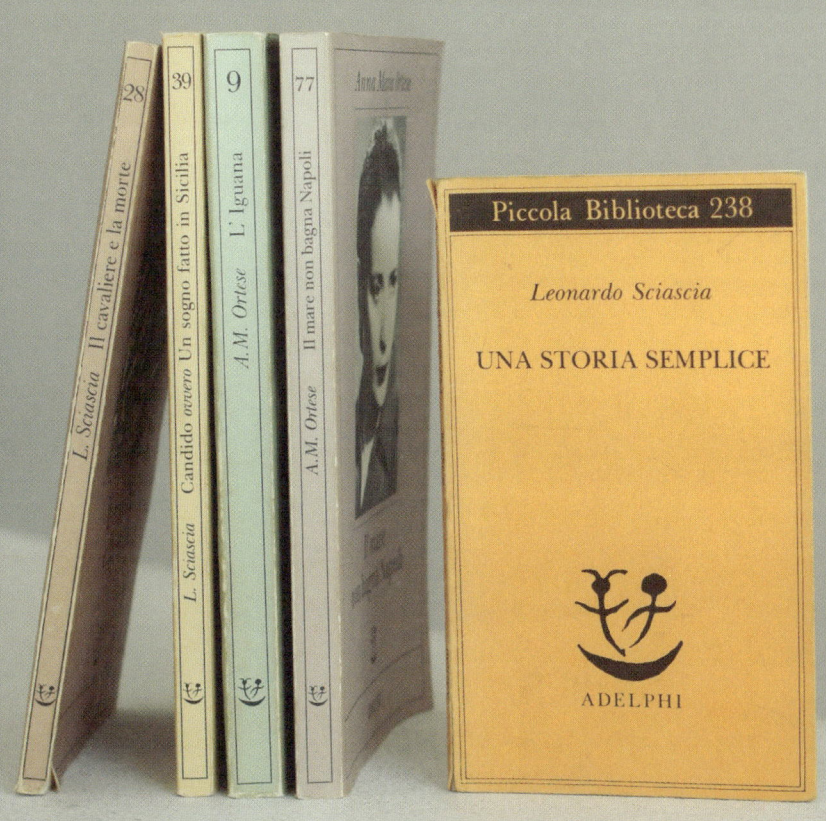

Leonardo Sciascia

Il cavaliere
e la morte

ADELPHI

Leonardo Sciascia

Candido
*ovvero*
Un sogno fatto in Sicilia

ADELPHI

Piccola Biblioteca 238

편안한 색감의 아델피 출판사 전집 표지들

에이나우디 출판사의 흰색 바탕 표지들

앨런 레인이 출판한 펭귄북스 포켓북

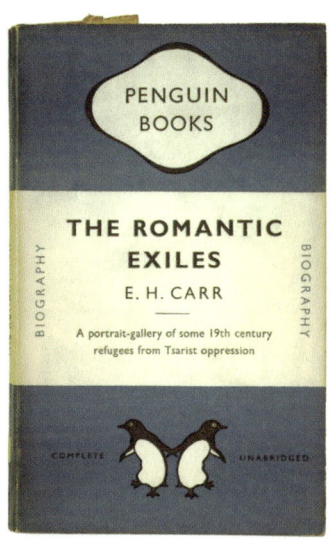

"시간이 가면서 표지는 나의 일부가 되고,
나는 표지와 하나가 된다"

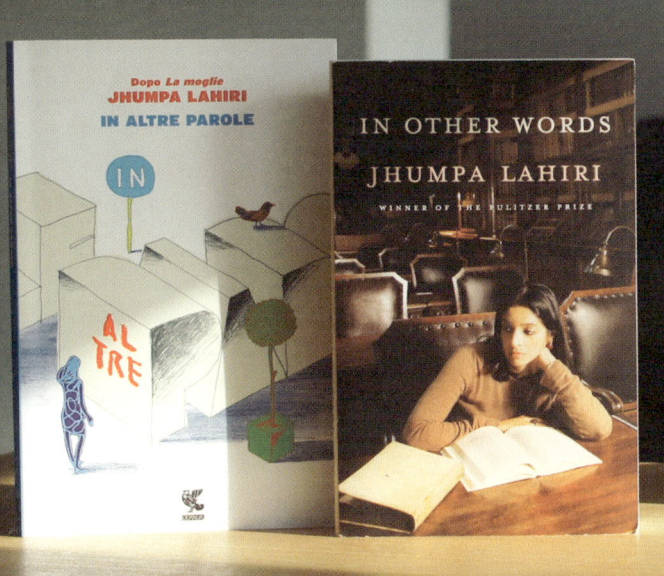

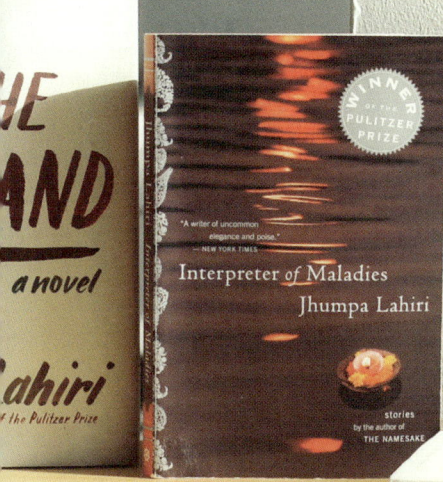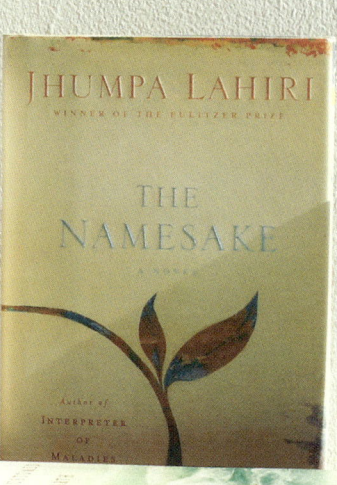

줌파 라히리의 산문집
『이 작은 책은 언제나 나보다 크다』의
미국판과 이탈리아판 표지

미국인 화가 리처드 베이커가 그린
책 그림들

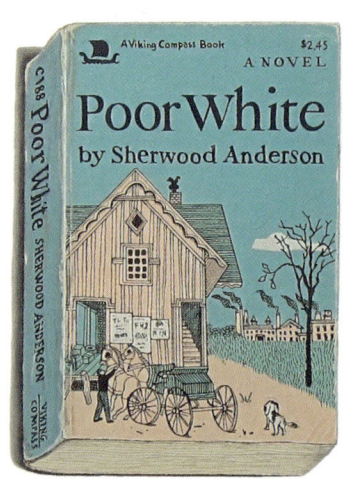

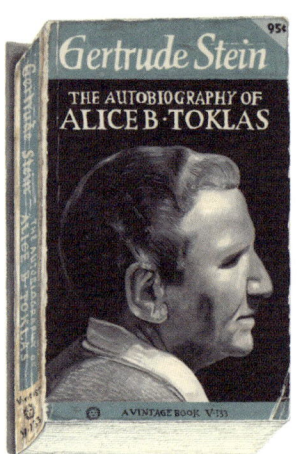
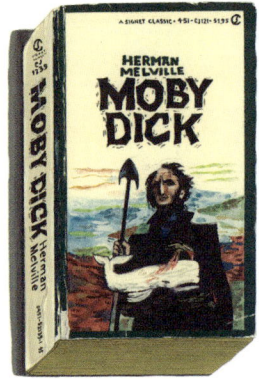
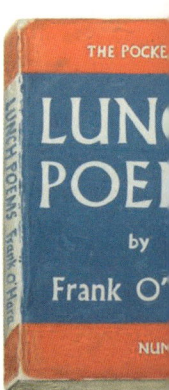

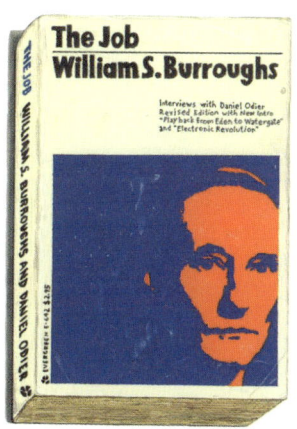

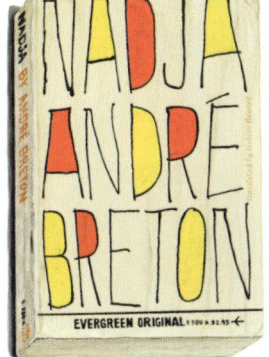

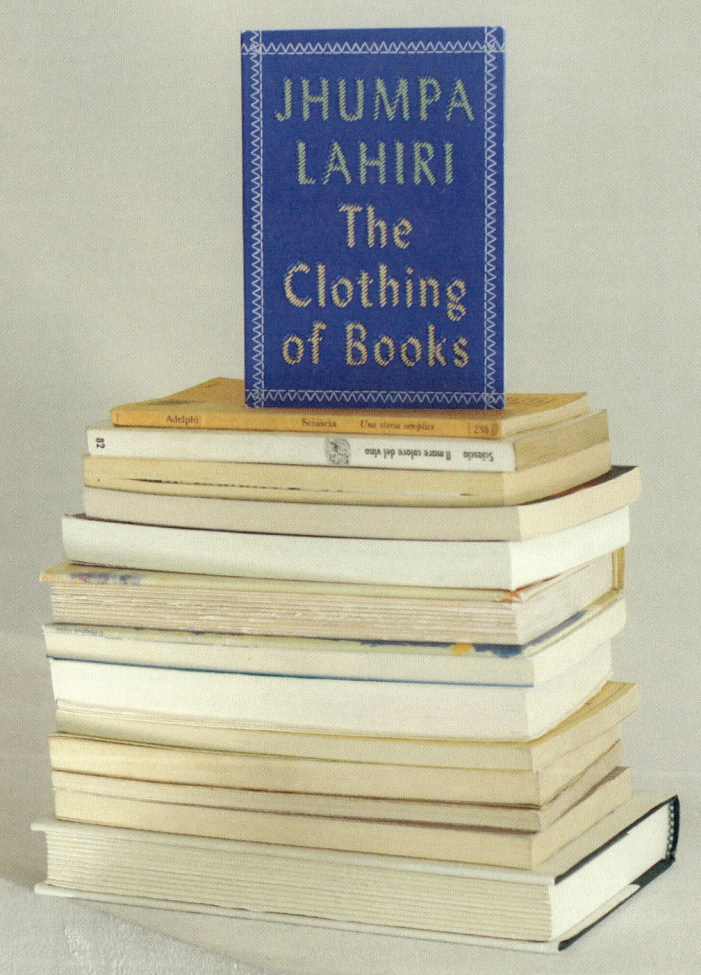

# 책이 입은 옷

**THE CLOTHING OF BOOKS(IL VESTITO DEI LIBRI)**
Copyright ⓒ 2015, 2016 by Jhumpa Lahiri
Published by arrangement with
William Morris Endeavor Entertainment, LLC
All rights reserved.

Korean Translation Copyright ⓒ 2017 by Maumsanchaek
Korean edition is published by arrangement
with William Morris Endeavor Entertainment, LLC
through Imprima Korea Agency.

이 책의 한국어판 저작권은 Imprima Korea Agency를 통해
William Morris Endeavor Entertainment, LLC.와의 독점계약으로
마음산책에 있습니다. 저작권법에 의해 한국 내에서 보호를 받는 저작물이므로
무단전재와 무단복제를 금합니다.

# 책이 입은 옷

줌파 라히리
이승수 옮김

**마음산책**

옮긴이 이승수

한국외국어대학교 이탈리아어학과를 졸업하고, 같은 대학교에서 비교문학 박사학위를 받았다. 한국외국어대학교 이탈리아어통번역학과에서 강의하고 있다. 『로마 이야기』 『내가 있는 곳』 『이 작은 책은 언제나 나보다 크다』 『다뉴브』 『페레이라가 주장하다』 『폭력적인 삶』 『넌 동물이야, 비스코비츠!』 등을 우리말로 옮겼다.


책이 입은 옷

1판 1쇄 발행 2017년 4월 5일
1판 4쇄 발행 2025년 6월 1일

지은이 | 줌파 라히리
옮긴이 | 이승수
펴낸이 | 정은숙
펴낸곳 | 마음산책

등록 | 2000년 7월 28일(제2000-000237호)
주소 | (우 04043) 서울시 마포구 잔다리로3안길 20
전화 | 대표 362-1452 편집 362-1451 팩스 | 362-1455
홈페이지 | www.maumsan.com
블로그 | blog.naver.com/maumsanchaek
트위터 | twitter.com/maumsanchaek
페이스북 | facebook.com/maumsan
인스타그램 | instagram.com/maumsanchaek
전자우편 | maum@maumsan.com

ISBN 978-89-6090-309-8 03880

* 책값은 뒤표지에 있습니다.
* 사용 허가를 받지 못한 일부 사진 자료는 저작권자와 연락이 닿는 대로 절차를 밟겠습니다.

카메라도, 이건 책이 아니야,
이걸 다루는 사람은 인간을 다루는 거라네
— 월트 휘트먼, 『풀잎』

**차 례**

교복의 매력 11

왜 표지가 있어야 할까? 21

상호 교감과 공동 작업 35

발가벗은 책 45

획일성과 무질서 53

내 표지들 63

살아 있는 표지, 죽은 표지, 완벽한 표지 75


후기 84

옮긴이의 말 88

책이 입은 옷들 96

글 쓰는 과정이 꿈이라면
표지는 꿈에서 깨는 것이다.

■ 일러두기

1. 이 책은 줌파 라히리가 이탈리아어로 쓴 『Il vestito dei libri』(Ugo Guanda Editore, 2017)를 번역한 것이다. 본문의 사진은 원서에는 없는 것이다.
2. 외국 인명, 지명, 작품명 및 독음은 외래어 표기법을 따르되 관용적인 표기와 동떨어진 경우 절충해서 실용적 표기에 따랐다.
3. 국내에 소개된 작품명은 번역된 제목을 따랐고, 국내에 소개되지 않은 작품명은 원어 제목을 독음대로 적거나 우리말로 옮겼다.
4. 옮긴이 주는 글줄 상단에 맞추어 작게 표기하였으며, 원서에서 기울여 강조한 글씨는 고딕체로 처리했다.
5. 잡지와 신문 등의 매체명은 〈 〉로, 편명은 「 」로, 책 제목은 『 』로 표기했다.

# 교복의 매력

Il fascino della divisa

어릴 적 이따금 방문했던 콜카타 친가에서 난 아침마다 사촌들이 옷 입는 모습을 구경했다. 사촌들은 학교 갈 준비를 했다. 하지만 나는 방학 중이었다. 사촌들은 매일 아침 목욕을 마치고 아침을 먹기 전에 똑같은 옷 즉 교복을 입었다.

사촌들은 다른 학교에 다녔기 때문에 교복도 달랐다. 남자 사촌은 짙은 바다색 긴 면바지를 입었다. 몇 살 많은 여자 사촌은 하늘색 치마를 입었다. 교복 색깔과 남자 사촌이 노란색 넥타이를 맸다는 것만 빼고 나머지는 똑같았다. 짧은 소매의 흰색 셔츠, 흰색 양말, 검은색 신발.

옷장에는 동일한 짙푸른색 바지 두 벌, 하늘색 치마 두 벌이 있었을 것이다. 깨끗하게 빨아 다림질한 교복을 입으면 그만이었다. 인도로 출발하기 전 엄마는 미국에서 흰색 양말 몇 켤레를 사곤 했는데, 고모가 매우 좋아하리라는 걸 알았기 때문이다.

단순하고 기능적인 옷일 뿐인데 내게는 사촌들의 교복

이 멋지고 매력적으로 보였다. 길에서, 버스에서, 전차에서 마주치는 이 확실한 시각언어가 무척 인상 깊었다. 사람들로 북적이는 거대한 도시에서 교복 덕분에 수천 명의 학생들이 달리 분류되기도 하고 하나로 동일시되기도 하기 때문이다. 모든 교복은 각기 어떤 학교에 소속되어 있음을 나타낸다. 콜카타에서 내 또래들은 확고한 정체성을 가진 동시에 하나의 무명성을 즐기는 듯 보였다. 교복의 효과는 바로 이거다.

나도 교복을 입고 싶었다. 새 옷을 맞추러 양장점에 갈 때면, 그건 상점에서 옷을 사는 것보다 맞춤옷을 입는 게 더 일반적이었던 1970년대 인도에서만 가능한 특별한 일이었는데, 그때마다 나도 교복을 맞춰달라고 종종 떼를 썼다. 쓸데없는 갈망이었다. 그런 옷은 내게 필요 없었으니까. 미국에서 나는 공립학교에 다녔고 각자 입고 싶은 대로 입었다. 나는 선택이 가능하다는 것, 이 자유가 싫었다.

어렸을 때부터 입은 옷을 통해 자신을 표현한다는 사

실이 내겐 고통이었다. 내 이름, 내 가족, 내 외모가 이미 특별하다는 걸 의식했기에 나머지 면에서는 남들과 비슷하고 싶었다. 남들과 똑같기를, 아니 눈에 띄지 않기를 꿈꾸었다. 하지만 나는 어떤 스타일을 선택해야 했고 규칙에서 벗어난 특별한 스타일 때문에 내가 옷을 못 입는다고 느꼈다.

학교 친구들 몇 명이 다소 특이한 내 옷을 보며 놀려댔기 때문에 특히 더 그랬다. 친구들이 말하곤 했다. 보기 흉한 조합이야. 그 두 가지를 같이 입으면 어울리지 않아. 넌 몰랐니? 이젠 나팔바지를 입지 않아. 유행이 지났어. 친구들은 웃었다. 수년 동안 나는 스쿨버스를 기다리며 모욕감으로 하루를 시작했다.

친구들은 날 놀렸고 속으로 내 부모님까지 조롱했다. 우리 가족은 외국인이고 근검절약해야 했으므로 유행이나 사람들이 옷을 입는 습관에 신경 쓰지 않았다. 보통 1년이 지나면 옷이 맞질 않아서 계절이 바뀌는 세일 기간에 새 옷을 구입하거나 중고 옷을 샀다. 게다가 엄마는 미국 엄마들과 취향이 같지 않았다. 엄마는 미국 엄마들이 드나드는 상점에 가지 않았고, 날 다른 여자애들처럼 옷 입히는 것에는 관심이 없었다. 그 이유 때문에 나는 교복이 해결 방법일 것 같았다.

내게 옷은 늘 옷 이상의 의미가 있었다. 인도를 떠나온 지 거의 50년이 지난 지금까지도 고향 인도의 전통 의상만 입는 엄마는 내 미국 식 옷을 못마땅하게 여긴다. 내가 입는 청바지며 티셔츠를 좋아하지 않는다. 사춘기 때 난 미니스커트를 입고 하이힐을 신고 싶었지만 엄마는 용납하지 않았다. 커갈수록 나도 인도 의상을 입거나 아니면 적어도 도발적이지 않은 옷을 입기를 바라셨다. 나도 엄마처럼 벵골 여자가 되기를 원한 것이다.

우리 가족이 다른 벵골인 가족 파티에 초대받거나 중요한 행사 혹은 기념식에 갈 때마다 엄마가 하도 부탁하고 애원해서 결국 나는 인도 전통 의상을 입을 수밖에 없었다. 항의라도 하면 엄마는 화를 냈다. 엄마를 만족시키려 내 뜻을 포기했지만 짜증이 난 나는 입을 삐죽거렸다. 인도 전통 의상을 입으면 내가 훨씬 더 다르게 느껴졌고, 엄마처럼 이방인이 된 것 같았다. 강요된 정체성을 덧입는 느낌이었다. 옷장 한 켠 자리를 차지하고 있던 그 옷들은 천이 달랐고 화려했다. 다른 나라에서 생산된 옷감이라 색깔이 너무 진했다. 사실 내 평상복들보다 우아하긴 했으나 불만스러웠다. 그 옷들은 아주 먼 곳에서 왔다는 걸 보여줬다. 옷 무게가 거의 느껴지지 않았지만 난 그 옷이 몹시 버거웠다.

나와 엄마 사이에서 벌어진 치열한 다툼, 오래 지속됐고 뚜렷한 결과가 없었던 이 싸움을 거치면서 나는 우리가 입는 옷이 언어나 음식처럼 정체성, 문화, 소속을 표현해준다는 걸 피부로 느꼈다. 입는 옷이 내가 어디 있든 날 '다른 사람'으로 만들어준다는 걸 어려서부터 배웠다. 콜카타에서도 사촌들과 외출할 때면 사촌들과 생김새가

하지만 내 말에 덧입혀지는 것,
내 책의 표지는 내 선택이 아니다.

Ma ciò che viene messo addosso alle mie parole—
le copertine dei miei libri—non è una scelta mia.

닮았는데도 난 외국인으로 인식됐고 사람들은 종종 영어로 말을 걸어왔다. 이유를 묻자 사촌들은 어깨를 으쓱하며 설명했다. 네 옷 때문일 거야.

성인이 된 지금 나는 마음대로 옷을 입는다. 하지만 과거의 그 불안, 옷을 잘못 입어 뭐라 핀잔을 듣지 않을까 하는 두려움이 그림자로 남아 있다. 때와 장소에 어울리는 적당한 옷을 골라 입어야 한다는 중압감에 간혹 시달릴 때면 차라리 교복 같은 유니폼을 입는 게 더 간단하지 않을까 아직도 나 자신에게 묻곤 한다.

서른두 살 때 나는 책을 출간하기 시작했고, 나의 다른 부분이 옷을 입고 세상에 소개된다는 걸 깨달았다. 하지만 내 말에 덧입혀지는 것, 내 책의 표지는 내 선택이 아니다.

이따금 불쾌하고 문제의 소지가 있는 실망스러운 표지를 마지못해 받아들여야 할 때가 있다. 마음을 접으려 애쓰며 나 스스로에게 말한다. 그냥 놔둬, 싸울 가치가 없어. 하지만 이윽고 표지가 거슬려 화가 난다.

이탈리아어로 '소브라코페르타sovraccoperta'라 불리는 표지는 영어로 '재킷jacket'이다. 책을 덮고 포장하기 위한 목적으로 만들어진 맞춤 재킷. 몸에 꼭 맞게 재단돼야 한다. 그러나 내가 보기에 내 책 표지 대부분은 '나와 어울리지 않는다'. 그 때문에 간혹 작가인 나는 표지도 유니폼이 좋은 해결 방법이 아닐까 생각한다.

왜 표지가 있어야 할까?

Perché una copertina?

내가 가진 이탈리아어 사전에서 '표지copertina'라는 단어의 정의는 아주 짧다. '책, 노트, 잡지를 감싸는 종이 겉포장'. 하지만 내 정의는 훨씬 확장되어 조금 다른 의미와 뜻을 가진다.

책이 완성되고 세상에 입장하려 하는 순간에서야 표지가 나온다. 표지는 책이 탄생했음을 내 창조 과정이 끝났음을 표시한다. 내 손에서 독립해 자신의 생명을 갖게 됐다는 사실을 책에 쾅쾅 도장 찍는다. 작업이 마감됐음을 알려준다. 출판사에 표지는 책이 도착했음을 의미하지만 내겐 이별을 의미한다.

표지는 책 안의 내용이 깔끔하고 명확하게 정리됐다는 의미다. 거칠고 다듬을 것, 변화의 여지가 더는 없다는 뜻이다. 그때부터 내용은 고정되지만, 표지는 변화의 가능성이 있다. 표지는 적힌 내용을 물건으로, 즉 인쇄해서 유포하고 판매할 구체적인 것으로 만든다.

글 쓰는 과정이 꿈이라면 표지는 꿈에서 깨는 것이다.

표지가 막 완성됐다는 소식을 들으면 상반된 두 감정을 느낀다. 책이 완성됐기 때문에 뿌듯하다. 또 한편으론 불안해진다. 표지가 완성되면 이제 책이 읽혀질 거라는 생각이 든다. 책은 환영받거나 비판받거나 분석되거나 잊힐 거다. 표지는 나와 독자 사이에 다리 역할을 하면서 내 말을 보호해주기도 하지만 상처를 입히기도 한다.

표지는 책이 벌써 읽혀졌다는 뜻이다. 표지는 단순히 책이 입는 첫 번째 옷일 뿐만 아니라 첫 번째 시각적 해석 혹은 홍보용 해석이기 때문이다. 표지는 출판사의 여러 사람들이 그래픽으로 읽어냈다는 의미다. 출판사 사람들의 비전, 견해, 갈망이 들어 있다. 출간되기 전에 많은 사람들이 표지에 대해 토론하고 생각을 정리해 결정한다.

표지를 처음 볼 때면 난 감동스럽기도 하지만 늘 당황스럽다. 표지가 설득력이 있고 흡인력이 있더라도 우리 사이에는 늘 차이, 불균형이 있다. 표지는 이미 내 책을 알지만 나는 아직 표지를 모른다. 나는 익숙해지고 가까이 다가가려 애쓴다.

내 반응은 다양하고 본능적이다. 표지를 보고 미소가 떠오르기도, 울고 싶은 마음이 들기도 한다. 표지는 날 우울하게도 혼란스럽게도 화가 나게도 한다. 어떤 표지는 해석할 수가 없어서 날 더욱 당황하게 한다. 나 자신에게 묻는다. 어떻게 내 책을 이렇게 볼썽사납게, 아니면 통속적으로 만들어놓을 수 있지?

내용에 걸맞은 표지는 내 말이 세상을 걸어가는 동안, 독자들과 만나러 가는 동안 내 말을 감싸주는 우아하고 따뜻하며 예쁜 외투 같다.

잘못된 표지는 거추장스럽고 숨 막히는 옷이다. 아니면 너무 작아 몸에 맞지 않는 스웨터다.

아름다운 표지는 기쁨을 준다. 내 말을 귀 기울여 듣고 이해해주는 느낌이다.

보기 흉한 표지는 날 싫어하는 적 같다.

내 책 표지가 끔찍하면 거센 반발심이 든다. 그런 표지의 책에 사인을 해야 할 때마다 표지를 확 뜯어내고픈 충동이 일어난다.

생각할수록 표지가 일종의 번역, 내 말을 다른 언어로 해석한 것이라는 확신이 든다. 책 내용을 대표하지만 그 자체는 아니다. 너무 문자적이어서는 안 된다. 책을 자기 식대로 담아내야 한다.

그래서 번역이라 할 표지는 책에 충실하거나 빗나갈 수 있다. 이론상으로 표지가 번역이라면 내용에 충실해야 한다. 하지만 이것이 항상 지켜지는 건 아니다. 표지가 내용을 압도할 수도, 지배할 수도 있다.

아무튼 표지는 작가와 이미지 사이의 친밀한 관계를 강요한다. 강요된 관계이기 때문에 극도의 소외감을 불러일으킬 수 있다. 표지가 마음에 들지 않으면 난 당장 멀어지고 싶다. 하지만 불가능하다. 표지는 내 말을 만지고 내 말에 옷을 입힌다.

책이 입은 옷

이 순간 표지는 내게 책을 포기하라고 가르친다. 내게 통제권이 없음을 의미한다.

표지는 책에 비하면 피상적이고 무시해도 좋을 만큼 무관하다. 표지는 책의 중요한 구성 요소다. 이 두 문장은 다 옳은 말일 수 있다.

〈일코리에레델라세라〉이탈리아의 대표적 일간 신문의 신간 소개란에서 책의 '문체'와 '스토리'에 점수를 매기는 것뿐만 아니라 표지에도 점수를 매기는 걸 보고 난 늘 깜짝 놀라곤 한다. 처음에는 옳지 않다고 생각했다. 왜 표지에 주목하는 거지? 책을 판단할 때 그래픽 옷이 뭐가 중요하담? 다시 생각해보았다. 의미가 있었다. 표지는 책의 일부고 긍정적이든 부정적이든 효과를 만들어낸다. 독자를 끌어들이기도 하고 밀어내기도 한다.

책에 표지가 있는 걸 우린 당연시한다. 표지가 없으면 책이 발가벗었다고, 미완성이라 생각하며 어떤 면에서 받아들이려 하지 않는다. 책 내용으로 들어갈 수 있는 문이 없다. 얼굴이 없는 것이다.

어릴 적 나는 노트에 첫 '소설들'을 쓰곤 했다. 스토리마다 표지를 그렸다. 중요한 요소를 표지에 넣었다. 즉 작품 제목과 작가 이름이다. 그럴듯한 그래픽을 표지로 사용했다. 때때로 삽화나 인물 초상을 쓰기도 했다. 표지를 넣지 않는 경우는 없었다.

왜 표지가 있어야 할까? 뭣보다 페이지를 담기 위해서다. 몇백 년 전, 책이 아주 귀할 때는 몹시 비싼 재료들이 표지로 사용됐다. 가죽, 금, 은, 상아 말이다.

오늘날 표지의 역할은 훨씬 더 복잡하다. 표지는 책의 정체성을 규정하고 구분하기 위해, 책을 어떤 스타일이나 장르로 분류해 넣기 위해 사용된다. 책을 예쁘게 꾸며서 서점 진열장 가운데 독자의 이목을 끌기 위해. 행인의 호기심을 불러일으켜 걸음을 멈추고 서점 안으로 끌어들여 책을 손에 쥐어 결국 구매에 이르게 하기 위해서.

표지를 입자마자 책은 새로운 개성을 얻는다. 읽혀지기 전에 벌써 뭔가를 표현한다. 마치 옷이 우리가 말하기도 전에 우리의 뭔가를 나타내주듯.

표지는 금방 기대감을 불러일으킨다. 책과 어떤 상응 관계가 없을 때도 분위기나 태도를 소개한다. 표지가 얼굴 같은 거라고 전에 말했었다. 하지만 안에 있는 것을 감추는 가면일 수도 있다. 독자를 유혹할 수도 기대를 저버릴 수도 있다. 합금처럼 속일 수도 있다.

진실과 거짓, 겉모습과 현실 사이의 대립을 일으킬 수도 있다는 말이다.


표지는 책에 하나 혹은 두 개의 정체성을 부여한다. 내용과는 별개의 표현 요소를 보여주기도 한다. 책이 말하는 것이 있고, 표지가 말하는 것이 있다. 이 때문에 표지를 좋아하지만 책을 싫어할 수도 있고, 반대로 책을 좋아하지만 표지를 싫어할 수도 있다.

표지는 내 말을 만지고
내 말에 옷을 입힌다.

La copertina tocca le mie parole,
mi sta addosso.

솔직히 고백하건대 나는 여러 번 단순히 표지 때문에 책을 구입한 적이 있다. 표지에 매료됐기 때문에 저항할 수가 없었다. 책 내용에 별 감동이 없었는데도 표지 이미지를 믿었다. 미국에 있을 때 난 유명한 미국인 삽화가 에드워드 고리가 작업한 닻이 그려진 포켓북 전집을 갖고 있었다. 그의 무시무시한 그림들은 언제나 매력적이다. 중고 서점에서 그의 표지 그림을 보면 제목이 뭐든 당장 구입한다. 이 경우 내게 있어 표지는 책 내용보다 더 가치가 있다.

표지는 독립된 정체성을 가질 수 있다. 표지도 하나의 존재이고, 자신의 힘을 표현한다.

몇 년 전부터 살고 있는 로마의 집엔 책이 별로 없다. 우리 가족은 이탈리아로 건너올 때 책을 몇 권 가져오지 않았다. 아파트에는 수납공간이 많은 커다란 선반이 놓여 있다. 그 선반에 스무 권 정도 책을 놓으니 어색하고 슬프기까지 했다. 그래서 공간을 채우고자 책을 정면으로 진열하기로 했다. 최근 몇 년 난 집에서 책 읽기를 즐기며 오랜 시간을 보냈고 표지가 내게 미치는 효과를 깨달았다.

이제 책장은 나의 독서 과정, 로마에서 내 삶의 과정을 반영하는 비품이 됐다. 티치아노가 그린 초상화, 시인 파트리치아 카발리의 사진 초상, 마르코 델로구의 사진들이 내 친구다. 다양한 소설들의 표지와 새 이탈리아 친구들의 산문집 표지를 진열했다. 마치 그 표지 이미지들이 새로운 가족인 것 같다. 로마에서 내가 지닌 책들은 벽에 그림이나 다른 예쁜 장식이 없는 걸 보상해주었다. 실내 인테리어가 이미 되어 있어 개인적 취향을 반영하기 어려운 우리의 월세 아파트에서 이 책들은 내 취향, 내 존재를 나타낸다.

책등보다는 표지를 보는 게 훨씬 인상적이다. 보통 책장에 한 줄로 꽂힌 책들은 신중하고 다소 소심해 보인다. 배경으로 위안이 되지만 밋밋하다. 반면에 표지들은 외향

적이고 쾌활하고 특별하다. 표지는 우리의 관심을 요구한다. 그들은 말한다. 우리를 봐.

상호 교감과 공동 작업

Corrispondenza e collaborazione

책이 옷을 입는 것도 하나의 예술이며 그것은 의심의 여지가 없다. 인쇄된 책은 두 표현 방법이 만난 것이다. 모든 표지는 예술가의 손을 거친다. 작가와 예술가의 이 만남, 이 조화가 난 매우 흥미롭다.

인상 깊었던 한 예가 버지니아 울프와 그녀의 친언니 버네사 벨의 공동 작업이다. 버네사 벨은 버지니아 울프가 호가스 출판사에서 출간한 거의 모든 초기 작품들의 표지를 그렸고 지금 그 표지들은 아이콘이 됐다. 이 독립 출판사는 버지니아 울프와 그녀의 남편 레너드 울프, 그들의 친구들과 지인들의 작품을 출간하기 위해 1917년 설립되었다. 출판의 상업 메커니즘 밖에 있어 검열을 받지 않았다. 그 책들은 처음엔 집 식탁에 인쇄기를 올려놓고 손으로 찍어냈다.

버네사 벨의 표지는 강렬하고 관습적이지 않으며 현대적이었다. 버지니아 울프 작품의 실험적인 요소를 정제해 완벽하게 표현했다. 하지만 버네사는 보통 책을 완전히다 읽진 않았다. 버지니아가 책에 맞는 이미지를 만들어 낼 수 있도록 언니에게 책 내용을 설명했다. 작가와 예술가는 서로 대화를 충분히 나누었다. 비평가 S. P. 로젠바움은 헨리 제임스의 표현을 인용하며 버네사 벨의 표지를 텍스트의 '시각적 메아리'라고 정의했다.

작가로서 나는 이 '시각적 메아리'를 찾지만 자주 실패한다. 표지가 내 책의 의미와 정신을 반영해주길 나도 바란다. 날 잘 알고 내 모든 작품을 깊이 이해하며 소중히 여기는 누군가가 한 번만이라도 표지를 그려주면 기쁘겠다.

내 책 표지를 그려줄 그래픽 디자이너와 얘기해본 적이 없다. 그를 모르며 만나본 적도 없다. 우편으로 혹은 지금처럼 이메일로 완성된 결과물을 받아 본다. 난 그것을 받아들이거나 아니면 거부할 수 있으며 조금 수정할 수도 있을 터다. 표지 디자이너가 뭔가를 디자인하기 전에 책 전체를 다 읽었을지 아니면 단 한 챕터, 단 몇 줄만이라도 읽었을지 궁금하다. 그가 내 책을 마음에 들어 했을지도 알고 싶다. 모든 게 불분명하다.

  표지 뒤에 있는 사람을 잘 알지도 못하면서 표지를 비난하자니 마음이 편하지 않다. 보통 출판사가 중간에서 조율한다. 표지 작업 결과물을 보내 내 의견을 참고한다. 하지만 그래픽 디자이너와 직접 소통할 방법은 없다. 그가 어떤 사람이든 미스터리한 인물로 남는다. 우리 사이에는 거리가 있다.

  작가는 자신의 책 표지가 마음에 들지 않더라도 소수만이 공개적으로 의사 표현을 한다. 몇 달 전 랄라 로마노가 쓴 이 주제에 대한 짧지만 날카로운 글을 읽었다. 산문집 『북부의 꿈Un sogno del Nord』에 실린 '에이나우디 출판사 책 표지'라는 제목의 글인데 그녀가 주로 책을 출간했던 에이나우디 출판사의 표지들을 분석하고 평가했다. 이렇게 썼다. "난 그림을 그리기도 했었기에 시각적인 결과물이 흥미를 유발할 뿐 아니라 구성의 한 요소라는 걸

작가로서 나는 이 '시각적 메아리'를 찾지만
자주 실패한다.

Da scrittrice cerco, spesso invano,
questa «eco ottica».

안다. 보기 흉한 물건을 원하지 않듯 보기 흉한 책을 사랑하기란 아주 어렵다. 보기 흉한 책일수록 아름다운 책이 되길 원하기 때문에 시각적인 것에 더욱 신경 쓴다."

나처럼 랄라 로마노도 표지가 '책의 내용과 완벽하게 조응'하기를 바란다. 그녀는 버지니아 울프처럼 표지 결정에 참여하고 어떤 이미지, 디자인, 그림을 제안했다. 작가와 예술가 사이의 의사 교환이 표지와 텍스트의 이상적인 교류를 만들어낸다.

우리는 표지가 단순히 책의 의미나 내용을 반영하는 세상에 살지 않는다. 오늘날 표지는 책에서 또 다른 비중을 차지한다. 표지는 미적인 목적보다 상업적 목적이 더 크다. 표지가 책의 성공 혹은 실패를 결정한다.

현재 대형 출판사에서 표지란 책 제목과 작가 이름뿐만 아니라 그림을 비롯한 많은 정보를 포함한다. 즉 작가의 과거 수상 경력과 명성, 그 책을 좋아하는 다른 작가들과 비평가들의 논평, 베스트셀러 순위 자료다. 표지는 책의 거의 모든 요소들을 나열하는 상표가 됐다. 이따금 재킷의 벨트처럼 띠지를 덧붙여서, 이를테면 책이 두 번째, 네 번째, 아홉 번째 판이라는 것을 알려준다. 혹은 독자의 관심을 끌기 위해 여러 '호평', 자료, 감상 등을 싣는다.

지금은 출판사가 책 내용과 어울리지 않는 기대감을 표지에 심어놓는다고 생각한다. 대형 서점 수많은 책 속에서 길을 잃고 어지러워하는 독자의 관심을 끌고 마음을 사로잡아야 한다. 층층이 쌓인 선반들이나 책 제목들로 덮인 진열대에서 독자는 자신의 책을 한 권 골라내야 한다. 표지 뒤에 있는 모든 전략, 쏟아부은 노력은 아주 암울한 사실을 알려준다. 매년 세상에 나오는 책 숫자는 놀라운데 실제 구매되어 읽히는 숫자는 미미해서 그 간극이 매우 크다는 것.

역할을 강조하지만 표지는 결국 좋은 대우를 받지 못한다. 책이 잘 팔리지 않으면 그 책임이 종종 표지에 돌아간다. 나는 출판사 측으로부터 그런 식의 평가를 자주 듣는다. "책은 좋은데, 유감스럽게도 표지가 잘못됐네요."

옷을 잘못 입으면 비난을 받기 일쑤다. 표지도 옷을 잘못 입었을 때처럼 떼어내고 다른 표지를 입을 수 있다. 미국에서는 첫 판이 잘 팔리지 않으면 일반적으로 포켓북 표지를 바꾸는데 이탈리아에서도 그건 다르지 않다. 이따금 출판사에서 제안한 표지가 마음에 들었는데 나중에 "다른 표지로 가기로 결정했습니다"라고 하는 경우가 있다. 표지는 떼어낼 수 있고 다른 것으로 대체될 수 있다. 그 힘에도 불구하고 책이 팔리지 않으면 표지는 아무런 소용이 없다.

발가벗은 책

Il libro nudo

이제 화제를 돌려 발가벗은 책에 대해 말해보자.

난 어릴 적 많은 책을 갖고 있지 않았다. 도서관에 자주 갔는데, 도서관 책들은 종종 벗겨져 있었다. 재킷이 없었고 어떤 이미지도 없었다. 딱딱한 표지에 종이 낱장들이 묶여 있을 뿐이었다.

나는 도서관 사서의 딸이었다. 내가 자란 동네의 도서관, 어려서부터 책을 빌려 읽었던 그 도서관에서 몇 년간 일을 하기도 했다. 많은 사람들이 줄줄이 빌려가 읽을 책의 표지를 보관하는 건 돈이 많이 들고 노동력이 필요한 일이기도 하다. 표지가 쉽게 파손된다. 예를 들어 비닐 포장지로 감싸는 것처럼 표지를 보호하는 방법이 있긴 해도 표지를 떼어내기란 손쉬운 일이다. 도서관에서 오래 살아남도록 일부러 딱딱한 하드커버를 제작한다. 반면 크기가 작은 포켓북은 훨씬 더 수명이 짧다.

나는 수백 권의 책, 거의 모든 문학 서적을 읽으며 성장했다. 그 책에는 날개에 내용이 요약되어 있지도, 작가의 사진이 실려 있지도 않았다. 어떤 책인지 알 수 없었고 모든 것이 비밀스러웠다. 그 무엇도 먼저 드러내지 않았다. 책을 알려면 책을 읽는 수밖에 없었다.

당시 날 사로잡았던 작가들은 그들의 말로만 자신을 드러냈다. 아무것도 입지 않은 표지는 방해가 되지 않았다. 시장이나 현실을 모른 채 내 첫 독서는 시간 밖에서 행해졌다. 내 마음 한 켠에서는 표지를 의심 섞인 눈초리로 바라보며 그때의 경험을 다시 찾고자 한다.

지금은 책을 사면 다른 것들도 덩달아 얻는다. 작가의 사진, 이력, 서평. 이 모든 게 상황을 복잡하게 한다. 혼란을 일으킨다. 길을 잃게 한다. 난 표지에 실린 논평이 못 견디게 싫다. 그것 때문에 가장 불쾌한 영어 단어 'blurb'를 알게 됐다. 표지에 다른 사람들의 의견을 싣는 건 적절치 않다고 개인적으로 생각한다. 독자가 내 책에서 만나는 첫 단어는 내가 쓴 말이길 원한다.

독자와 책의 관계는 이제 책 주변에서 움직이는 열두

명 남짓 사람들의 매개를 통해 훨씬 더 많이 형성된다. 작가인 나와 텍스트, 우리만 있는 게 아니다. 발가벗은 책의 침묵, 그 미스터리가 그립다. 보조해주는 자료가 없는 외로운 책 말이다. 예상할 수 없고 참조할 것 없는 자유로운 독서를 가능케 하는 미스터리. 내 생각에 발가벗은 책도 스스로 설 힘이 있다.

안타깝게도 표지 없이는 책을 팔 수 없다. 누구도 정체를 알 수 없는 책, 설명 없는 책을 사고 싶어 하지 않는다. 어떤 면에서 지금의 독자는 관광객과 닮았다. 관광객은 안내 책자를 읽으며, 독자는 표지의 강렬한 이미지 덕분에, 모르는 지역에 내리기 전 정보를 얻고 방향을 잡는다. 관광할 장소를 직접 찾아가 그곳에 있기 전에. 책을 읽기 전에.

미국에서 발간된 내 첫 작품들의 제본 원고는 발가벗은 책과 조금 닮았다. 어떤 이미지도 없고 기본 정보만 있다. 특별한 것은 없고 일반적인 것만 있다. 과거 내 책을 그 무엇도 먼저 드러내지 않았다.
책을 알려면 책을 읽는 수밖에 없었다.

Non rivelavano nulla in anticipo.
Per capirli, bisognava leggerli.

홍보하러 돌아다닐 때면 일부러 제본 원고를 읽고는 했다. 유통되는 실제 책을 사용해야 하는 경우엔 늘 재킷을 떼어버렸다. 말했듯이 옷을 입은 책은 더는 내게 속하지 않는다.

16년 전 미국에서 내 첫 단편집이 나왔을 때 비평가들과 서점 주인들은 이미지 없는 제본 원고를 받았다. 왜 그랬을까? 당시 출판사도 흥밋거리나 떠들썩한 홍보 없이 즉 표지 없이 순수한 상태에서 먼저 책을 소개하고 싶어 했다. 그게 옳은 것 같다.

지금은 내 생각에 제본 원고도 피상적인 정보를 담고 있다. 최근 나온 내 소설의 제본 원고도 인쇄 부수, 과거 내가 받았던 상, 내가 쓴 다른 책 제목을 싣고 있다. 비록 겉모습은 '그대로'인 것 같지만 일단 제작되면 화장을 한 것처럼 느껴진다. 최종 표지가 아직 만들어지지 않았다고 생각하고 근래 제본 원고를 넘겨보다가 바로 첫 페이지에서 표지와 날개 내용을 발견했다. 단지 살짝 숨겨져 있을 뿐 모두 들어 있었다. 탈출구는 없다. 발가벗은 내 책은 이젠 없다.

책이 입은 옷

# 획일성과 무질서

L'uniformità e l'anarchia

이탈리아에서 생활하며 나는 또 다른 유형의 표지를 알게 됐다. 전집에 속하는 표지다. 대다수 미국 전집 표지와는 다른 이탈리아 전집 표지를 보면 난 언제나 큰 감흥을 받는다. 이탈리아 전집 표지는 단순하고 아주 진지하다. 사촌들이 입은 교복처럼 난 전집에 매료됐다.

전집 표지는 소박하고 비슷비슷해서 금방 알아볼 수 있다. 이탈리아 서점이나 친구들 집에 있을 때 나는 에이나우디 스투루치 전집의 흰색 바탕 표지, 아델피 전집의 편안한 색감, 셀레리오 전집의 짙은 파란색을 금방 알아본다.

요즘 나는 두 권의 책을 읽고 있는데 모두 아델피 출판사에서 발간된 것이다. 쿠르치오 말라파르테의 『가죽La pelle』과 에밀 시오랑의 『태어난 자들의 불편L'inconveniente di essere nati』이다. 성격이 아주 다른 두 작가지만, 아델피의 옷을 입은 그들의 책은 마치 같은 피를 갖고 태어난 한 집의 식구들처럼 서로 닮았다. 책 크기도 같지만 뭣보다 같은 미적 감수성의 결과물이다. 두 책 모두 네모 안에 이미지가 담겨 있고, 책 제목과 작가의 이름이 있다. 이미지가 매끄러운 종이에 인쇄되어 있고, 이 종이는 책등에 붙어 있다. 책 표지가 페이지 묶음과 분리될 수 있다는 사실이 마음에 든다. 가벼운 종이 뒤에 마치 커튼처럼 좀 더 딱딱한 흰색 속지가 있다는 사실이 좋다. 이것이 발가벗은 책이다.

전집은 하나의 시스템이고 덕분에 많은 책을 조직할 수 있다. 전집이 놓인 책장은 참으로 조화롭다. 내 이탈리아 친구의 남편은 전집에 들어갈 자신의 책들을 색깔 순서별로 만들었다. 효과는 놀라웠다. 하지만 그의 아내는 미적인 효용 빼고 그다지 좋은 방법은 아니라고 생각한다. 보기에 아름답긴 하지만 결국 아무것도 아니라고 내게 말했다.

내 책상에는 아델피 작은 서재Piccola Biblioteca라는 제목의 시리즈물이 놓여 있다. 어수선한 내 책상에 비하자면 우아한 존재고 매력적인 작은 섬이다. 전집 가운데 일곱 권을 갖고 있다. 책등에 각각 번호가 매겨 있다. 그 책들을 볼 때면 1권부터 시작해서 전집 모두를 갖고 싶다. 비록 전체가 600권 이상이지만 말이다.

브루클린 내 집 욕실에는 펭귄 포켓북에서 처음 나온 책들의 표지를 복제한 엽서 여러 장을 모아놓은 조그만 액자들이 있다. 바로 1935년 앨런 레인이 시작한 전집이다. 셰익스피어, 애거사 크리스티, 아이리스 머독, 로널드 랭. 이 전집의 특색 있던 표지 이미지는 지금은 티셔츠나 커피 잔에서 볼 수 있다. 그 표지는 문학상 메달에 맞먹는 가치가 있다. 고등학교에서, 대학에서, 책등이 오렌지색인 펭귄 클래식을 읽는다는 건 믿을 만한 가치 있는 선택인 듯했다. 양질의 무게 있는 작품이라 생각했다.

전집에 들어 있는 작가들은 서로 연관이 있었고 모두가 그 출판사에 속한다. 모든 책들이 편집자의 선택과 취향을 나타내주지만 전집은 책에 아이덴티티, 일종의 시민 권을 부여한다. 전집은 자신의 작가들에게 말한다. 당신들은 우리 식구입니다.

그래서 흥미롭지만 논쟁의 여지가 많은 문제가 제기된다. 전집이 더 중요할까 아니면 전집에 속하는 책이 더 중요할까? 나는 아직도 답을 모르겠다. 전집은 텍스트에 봉사해야 하는데 반대로 텍스트가 전집에 봉사할 수도 있다. 어떤 면에서 전집은 아주 독창적인 개별 표지에 비해 덜 공격적이고 신중한 포장인 듯하다. 또 다른 면에서 전집은 좀 더 형식적이고 거드름을 피운다는 인상을 준다.

내가 보기에 전집은 배타적인 세계, 일종의 동아리 같다. 궁금하다. 어떻게 전집 안에 들어갈까? 영국 오리지널 펭귄 포켓북에서도 그렇지만 적어도 이탈리아에서 전집은 동시대 작가들까지 포함한다. 아델피 작은 서재는 프리드리히 니체와 야스미나 레자, 베네데토 크로체와 자메이카 킨케이드 작품을 출간한다. 유럽에서 전집은 뿔뿔이 흩어진 것이 아니라 실제로 존재하는 국제적이고 절

충적이며 살아 있는 하나의 공동체다.

한편으로 전집은 신뢰를 주는 변치 않는 클래식이다. 그 가치는 약간의 변화는 있지만 계속된다. 유행, 혼란, 불안정에 강력히 저항한다. 발가벗은 책처럼 조금은 시간을 벗어나 있다.

나는 웅장한 이탈리아 건물 안에 자리한 로마의 한 도서관에서 이 글을 쓴다. 이탈리아 도서관인데도 미국 책들을 상당수 소장하고 있다. 이곳을 안 것이 마치 운명의 신호인 듯하다. 이곳에서 영어권 작가인 내가 이탈리아어로 첫 책을 쓰길 꿈꿨고 결국 써냈다.

이 안에서 나는 과거에 둘러싸여 있다. 아버지의 오랜 사서 생활, 어려서부터 드나들던 도서관, 미국에서 내가 사랑했고 다녔던 모든 도서관들이 생각난다.

하지만 여기서 나는 이탈리아어로 생각하고 글을 쓴다. 바로 이곳에서 나는 길을 바꾸어 글을 썼다.

이곳을 안 것이
마치 운명의 신호인 듯하다.

Averlo scoperto mi pare
un segno del destino.

이탈리아어로 글을 쓰는 동안 때때로 나와 함께해주는 책들을 바라보곤 한다. 한 줄로 늘어선 책등들이 보인다. 분류대로 정확히 정리되어 있다. 하지만 시각적인 질서가 부족하다. 재킷 없는 책들, 이미지 없이 딱딱한 표지만 있는 책들, 혹은 겉면을 비닐로 감싼 책들이 어지러이 섞여 있다.

모든 시대, 모든 장르의 책들, 최근에 발간됐거나 100년 이상 된 책들이 있다. 여러 문체, 여러 사고가 뒤엉켜 있다. 일관성이 조금 부족해 보인다. 혼란스럽지만 유쾌하기도 하다. 개성이 다른 사람들이 모였으나 아무튼 서로 한데 모여 잘 어울리는 파티 같다.

개방된 환경이다. 어떤 책이든 들어와 선반 위에서 살 수 있다고 일러준다. 모두가 거대 집단에 속하지만 동시에 어떤 집단에도 속하지 않는다. 미국 표지들은 동질성이 부족하며 차이가 뚜렷한 미국의 현실을 반영한다고 말해봐야 소용없다.

잠깐 기지개를 켜며 일어나 보면 여기저기서 미국 전집, 시리즈 서적, 혹은 여러 권으로 묶인 하나의 책이 보인다. 이런 상황에서 그런 종류의 책들, 유니폼을 입은 책들은 규칙이 아닌 예외다.

명망 높은 모던 라이브러리, 라이브러리 오브 아메리카 같은 미국 전집에 들어 있는 책들은 고전적 가치를 표현한다. 전집은 이젠 범접할 수 없는 경지에 오른 훌륭한 작가에게 보내는 경의다. 이런 경우에 단일성은 문학 규범에 속한다는 표시, 영원히 계속될 말에 입힌 변하지 않는 옷이다.

그런 종류의 옷은 공로를 인정받았다는 것, 대부분 사후에 주어지는 상이다. 열에 아홉은 작가가 사망했다. 동시대의 책, 젊은 작가는 그런 상을 받을 자격이 부족할 것이다. 생존 작가와 고인이 된 작가들이 섞여 있는 유럽의 전집과는 달리 미국 전집은 마치 사당 같다.

# 내 표지들

Le mie copertine

내 책은 스토리를 이야기한다. 그런데 그사이 내 표지는 무엇을 이야기할까?

가만히 살펴보면 내 책 표지들은 둘로 갈라져서 서로 다투는 정체성을 완벽하게 반영한다. 표지들은 종종 내 정체성을 투사해주고 추측케 한다.

평생 나는 서로 다른 두 정체성 사이에서 갈등을 겪었다. 둘 다 내게 강요된 정체성이다. 이 갈등에서 자유로워지려 했지만 작가로서 나는 늘 같은 올가미에 사로잡혀 있다. 어떤 출판사는 내 이름과 사진을 보고는 인도를 연상시키는 틀에 박힌 것들 즉 코끼리, 이국적인 꽃, 헤나로 문신한 손, 종교적 혹은 정신적 상징인 갠지스 강 등이 담긴 표지를 이내 보내온다. 내 이야기의 대부분이 실은 미국을 배경으로 하며 그래서 갠지스 강과는 큰 거리가 있다는 데엔 누구도 관심을 갖지 않는다.

언젠가 내 책의 주인공은 미국에서 태어나 성장했기 때문에 표지가 너무 '이국적'으로 느껴지며, 좀 덜 '동양적인' 느낌의 표지면 좋겠다고 출판사에 항의한 적이 있다. 그러자 출판사는 신비한 분위기의 인도 궁전 사진을 버리고 대신 그 자리에 미국 국기를 놓았다. 결국은 이것도 틀에 박힌 진부한 것이긴 마찬가지였다.

나에게 잘못된 표지는 단순히 미적인 문제로 끝나지 않는다. 어렸을 때부터 느낀 불안이 다시 덮쳐오기 때문이다. 나는 누구일까? 난 어떻게 보이고, 어떻게 옷을 입고 있고, 어떻게 인식되고, 어떻게 읽힐까? 난 그 질문을 피하기 위해 글을 쓰지만 대답을 찾기 위해서도 글을 쓴다.

나는 작품들이 여러 외국어로 번역되는 행운을 누렸다. 이젠 책 다섯 권을 쓴 작가이기 때문에 모두 합쳐 약 백여 개의 표지가 돌아다닐 것이다. 백 가지 다른 해석이 말이다.

내 작품의 번역판 표지들을 모두 한 줄로 세워보면 분위기, 영혼, 정체성이 얼마나 달라지는지 한눈에 보인다. 표지 색이 화려한 것도, 어두운 것도, 밝은 것도 있다. 다양한 종류의 새들이 보인다. 어떤 것은 표지 디자인이 복잡하고, 어떤 것은 아주 간략하다. 권총, 낫, 망치 등 책에 대한 정치적 관점이 분명히 언급된 것도 있다. 콜카타를 연상시키는 풍경도 보이고, 테이블에 꽃다발이 놓인 것도 보인다. 물에 뛰어드는 두 소년의 사진도 보인다.

그 표지들을 한데 모아놓고 다양한 스타일, 다양한 차이를 포착하는 것도 멋지다. 한편으로 의문이 든다. 책 한 권, 같은 책이 어떻게 이런 이미지의 파노라마를 만들어낼 수 있을까? 이 표지들은 모두 내가 쓴 같은 스토리에서 영감 받은 것들이다. 번역물이 아니면 모든 문장은 변하지 않은 채 그대로다. 그런데 마치 열두 명의 작가가 쓴 각기 다른 테마의 책 열두 권 같다.

이런 일이 생기는 건 외국 표지들이 각 나라의 정체성, 집단 취향을 반영하기 때문이기도 하다. 나라가 달라지면 내 책을 출간하는 출판사가 다른 나라의 표지를 그대로 사용하는 경우는 아주 드물다. 출판사는 예의 바르게

'흥미로운' 표지라고 말하지만 자신들 나라, 자신들 독자에겐 호소력이 없을 거라 덧붙인다. 누군가의 마음을 사로잡은 표지가 다른 누군가에게는 의미가 없다. 이런 종류의 판단이 무슨 의미가 있을까? 글로벌화 된 이 세상에서는 '타자'에게서 스스로를 인식할 수 없다는 의미일까 두렵다.

텍스트 언어가 하나의 장벽일 수 있듯 표지도 장벽을 만들 수 있다. 이 얘기를 쓰고 있는 동안 나는 네덜란드의 한 서점에 있었다. 주변에 있는 책이라곤 모두 한마디도 이해할 수 없는 네덜란드어 책들이었다. 표지를 넘겨 첫 페이지를 읽어봐도 뜻을 알 수 없었다. 난 책을 보고 그 시각적인 효과만 흡수했다. 책은 그냥 물건일 뿐이었다. 서점이 마치 아무것도 살 수 없는 박물관인 것 같았다. 그곳에서 매력적인 표지들뿐만 아니라 외국 표지들도 찾아냈다. 암스테르담의 서점에 다른 표지들도 있다는 걸 곧 알게 됐다. 각 나라의 표지들은 서로 다른 지리적 환

경에 토대한 전혀 다른 풍경을 만든다.

사람들은 모두 책 표지를 보고 판단하는 걸 좋아한다. 일단 내용을 평가하는 것보다 표지를 판단하는 게 훨씬 더 쉽다. 게다가 재미있다. 표지를 보고 소감을 이야기하면 된다. 이탈리아 친구들에게 미국과 영국에서 나온 내 신간의 각기 다른 표지들을 보여줬을 때 들은 이야기 몇 개를 여기에 소개한다.

비스킷 상자 같다.

아동 모험 책 같다.

페르시아 카펫 같다.

정치 스릴러 같다.

교황님이 쓴 책 같다.

내 책 『이 작은 책은 언제나 나보다 크다』는 이탈리아어로 썼다. 그 책은 내 문학 정체성에 관한 내용이지만 뜻

밖의 요소를 포함했다. 바로 이탈리아어에 대해, 이탈리아어와 내 관계에 대해 이야기한다. 그 책은 이전 책들과 공통점이 별로 없다. 거의 배경 환경이 없는 자서전적인 사색을 담은 책이다.

첫 번째 표지, 이탈리아 표지는 마음에 든다. 담장 앞에서 등을 보이는 한 여인이 있다. 하지만 이미지는 가볍고 열려 있고 모호하다. 비록 삽화가와 이야기를 나눈 적이 없지만 책의 의도를 잘 전달하고 있다. 기대하지 않았는데 깜짝 놀랐다. 지금 다시 생각해도 내용에 맞는 표지다. 이 경우에 모험은 해피엔딩이다.

『이 작은 책은 언제나 나보다 크다』는 여러 언어로 번역됐다. 그래서 요즘 표지 하나하나를 살펴봐야 한다. 미국판과 영국판 표지는 로마 도서관에서 찍은 내 사진을 담고 있다. 네덜란드판은 좀 더 크고 다소 초점이 맞지 않은 다른 내 사진을 보여준다. 그들 출판사에 따르면 책의 개인적이고 내향적인 성격을 표현한다고 한다. 프랑스 표지에는 이미지가 없다.

표지에 내 사진을 싣겠다는 제안에 첫 반응은 부정적이었다. 사진을 싣는 게 허영기로 비춰질까 봐, 마니아 독자층을 가진 책을 팔기 위한 뻔뻔스러운 전략으로 비춰질까 두려웠다. 그러다가 생각을 고쳤다.

두 사진 모두 친한 로마인 친구 마르코 델로구가 찍은 것이다. 그는 날 잘 알고 내 작품을 읽었으며 신뢰하는 친구다. 우리는 두 사진 모두 함께 골랐다. 도서관에서 사진을 찍기 전에 얘기를 많이 나눴다. 그에게 내가 원하는 것을 설명했고, 그는 내 말을 귀 기울여 들었다. 그래서 처음으로 난 내 책의 표지 만드는 과정에 참여할 수 있었다. 결국 작가는 책이다. 작가는 직접 진솔하게 책을 나타낸다. 내용과 상관없는 불쾌한 이미지보다는 내 사진이 더 낫다. 미국, 영국, 네덜란드에서 내가 표지가 되는 것도 의미가 있을 터다.

내 책의 그래픽 옷이 특히나 마음에 들 때도 어떤 친

결국 작가는 책이다.

Alla fine l'autore è il libro.

근함을 느낀다. 시간이 가면서 표지는 나의 일부가 되고, 나는 표지와 하나가 된다. 최근 이탈리아에서 아주 특별한 일을 경험했다. 한 이탈리아 출판사가 증정본 한 권을 보내왔다. 인도 출신의 작가가 영어로 쓴 소설을 이탈리아어로 번역해 출간한 이 책은 내 첫 단편집의 미국판 표지와 같았다. 세부 하나하나까지도 똑같았다.

소포를 풀고 책을 보자마자 난 깜짝 놀랐다. 처음에는 내 책이라고 생각했다가 페이지가 더 많고 책 제목과 작가의 이름이 다르다는 걸 알았다. 난 곧 에이전시에 전화했다. "이건 내 표지예요!" 하고 말했다. 일어날 수 있는 일인 듯했다. 아무튼 너무 늦었고, 이 다른 책, 내 책보다 크기가 훨씬 큰 쌍둥이 책은 이미 출간됐다. 언젠가 로마 공항에서 차곡차곡 쌓여 있는 책 더미를 봤다. 그 순간 내 책이라 생각하고 그 앞에 발길을 멈췄다.

몇 년 전 나는 그 표지가 맞춤복이라 생각했다. 내 책에만 속한다고, 어쨌든 내게 충실할 거라고. 그런데 같은 표지가 내 말에 옷을 입혔다가 날 버리고 영원한 이별을 고하지도 않은 채 다른 나라 다른 작가에게 갔다.

책이 입은 옷

살아 있는 표지,
죽은 표지,
완벽한 표지

La copertina viva,
la copertina morta,
la copertina perfetta

오늘날 종이에 인쇄된 책자는 더 이상 텍스트가 발표되는 유일한 방법이 아니다. 물리적 책이 없는데 표지가 무슨 의미가 있을까? 나는 전자책을 읽지 않지만 화면에 나타난 표지는 종이책 표지와 똑같은 기능, 똑같은 존재감을 갖지 않으리라 생각한다. 이상하게도 화면은 텍스트를 선호한다. 그래픽 옷은 더는 옷도 보호물도 아니다. 표지는 세부, 액세서리, 하부 요소로 남는다. 공짜 선물 같다. 상표 같은 느낌이 훨씬 더 많이 든다. 종이 표지는 시간이 가면서 더러워지고 파괴된다. 화면에서 표지는 그런 일이 전혀 일어나지 않는다.

내가 잘 알고 칭송해 마지않는 미국인 화가 리처드 베이커는 몇 년 전부터 클래식한 표지 그림 그리는 일에 몰두했다. 보통 그는 더 현대적이고 경제적인 판형인 포켓북을 모델로 선택했다. 그의 인생을 바꿔준 책들이 많다. 과슈로 그린 사진 같은 그림은 초현실적이다. 애정을 품고 있지만 냉정한 시선으로 충실히 표지를 그린다. 그는 다른 그래픽 아티스트의 그림을 독창적으로 복사하고 변형시키기도 한다.

그가 표지를 그린 책 모두가 살아 있는 책, 매일 손에 쥐게 되는 책이다. 표지는 찢어지고 누렇게 변색되고 햇볕에 바랜다. 마치 사람 얼굴처럼 주름이 지고 세월의 흔적이 묻어난다. 결국 살아 있는 표지다.

베이커의 모든 그림은 책의 초상이지만 우리에게 그 이상의 것을 설명해준다. 독서의 열정, 그 자신의 열정 혹은 집단의 열정을. 한 세대의 문학적 형성을. 캔버스에 이제는 저물어가는 쇠퇴한 문화, 세상을 담는다. 향수를 불러일으키고 더는 존재하지 않는 시대를 불러온다. 특히 관계를 그것도 강한 애정 관계인 독자와 책 사이의 융합을 드러낸다. 베이커는 책이란 이런 거라고 말했다.

"책은 우리 삶의 다양한 에피소드, 이상주의, 부조리한 생각, 사랑의 순간을 나타내준다. 길을 따라가며 우리가 남긴 발자국, 기호, 얼룩, 악의 없는 학대를 모은다. 피부에 주름이 생기듯 책은 우리가 책 표지와 제본 위에 만든 경험을 입게 된다."

그의 삶이 담긴 표지를 불멸케 하며, 베이커는 표지가 어떻게 늙는지, 그러다가 결국 우리처럼 어떻게 죽어가는지 보여준다. 사라지는 무엇, 결정적이지도 영원하지도 않는 뭔가를 표현한다.

완벽한 표지는 뭘까? 존재하지 않는다. 표지 대부분은 우리의 옷처럼 영원히 계속되지 않는다. 표지는 의미를 담고 있으며 날짜가 새겨지고 난 뒤 특정한 시간 동안에만 사랑을 받는다. 시간이 흐르면 옛날 번역을 다시 번역해야 하듯 표지를 새롭게 디자인하고 바꿀 필요가 있다. 책에 활력을 주기 위해, 책을 좀 더 현실감 나게 하기 위해 새 표지를 입어야 한다. 새로워지지 않고 그대로 남는 것은 바로 원래 언어로 적혀진 오리지널 텍스트다.

완벽한 표지는 뭘까?
존재하지 않는다.

Qual è la copertina perfetta?

Non esiste.

많은 책들이 리처드 베이커의 인생을 바꿨듯 내 인생을 바꾼 책들의 표지들을 나는 신뢰한다. 요즘 나온 조이스의 『젊은 예술가의 초상』과 셰익스피어의 『전집』의 어떤 판을 보면 내가 대학 시절 읽었던 판과 비교해봤을 때 같은 책 같지 않다. 손에 쥐어보지 않은 낯선 판, 도서관에서 나와 함께 있지 않았으며 밑줄을 긋지도 않았고 갖고 공부하지 않았던 판, 애착을 느끼지 않은 그 새 판이 과거와 같은 감명을 불러일으키지 못할까 두렵다.

고등학교 시절 읽고 소장하지 못한 채 도서관에 돌려줬던 책들 가운데 몇몇 보기 흉하고 지나치게 학구적인 표지들까지도 애착이 남는다. 결국 표지가 예쁜 것은 아무 상관없다. 진실한 사랑이 그렇듯 독자의 사랑도 맹목적이다.

내 표지를 선택할 수 있다면 어떤 표지를 선택하는 게 좋을까? 전집이 보여주는 유니폼 같은 표지? 아니면 내 책을 위해 일부러 제작한 독창적인 표지?

나는 어딘가에 속하고자 확실한 정체성을 가지려고 필사적으로 애썼다. 한편으로 어딘가에 속하는 걸 거부하고, 혼란스러운 여러 정체성이 날 풍요롭게 한다고 생각했다. 아마 나는 영원히 이 두 길, 이 두 충동 사이에서 갈등을 겪을 것이다.

분명 나는 무미건조한 표지나 날 슬프게 하는 표지보다는 전집의 우아한 유니폼을 더 좋아한다. 자신을 표현한다는 건 달라지려 노력한다는 의미라는 걸 안다. 작가의 목소리는 고유하고 고독하다. 예술은 어떤 언어로, 어떤 방법으로, 어떤 옷을 입고 자유롭게 자신을 표현하는 것이다.

내가 내 책에 옷을 입힐 수 있다면, 기꺼이 모란디의 정물화나 마티스의 콜라주를 입힐 것이다. 상업적인 관점에서 보면 별 의미가 없을 터다. 아마 독자에게도 마찬가지일지 모른다. 하지만 나는 이 두 화가의 추상적인 시선과

색채 기록과 언어 안에 있게 된다. 나에겐 의미가 있을 것이다.

나는 어느 저녁 이 책의 마지막 문장을 썼다. 이런 내 소망을 글로 적고 난 다음 날 아침 놀라운 일이 벌어졌다. 내가 사는 로마 집의 철책 문 맞은편 버스 정류장에 두 개의 포스터가 약간의 간격을 두고 나란히 붙어 있었다.

멋진 우연의 일치로, 내가 이 글을 쓰는 동안 로마에서 모란디 전시회와 마티스 전시회가 동시에 열렸다. 그날 아침 집을 나서면서 고개를 들었을 때 나는 모란디 정물화 포스터가 오른쪽에, 마티스 작품 포스터가 왼쪽에 있는 걸 봤다. 두 포스터 가운데 서 있다 보니 잠깐 내 몸이 내 책의 페이지로 바뀌고 두 그림으로 옷을 입은 것 같은 상상이 들었다.

## 후기

2014년 카팔비오에서 휴가를 보내던 중 베아트리체 몬티 델라 코르테에게서 전화를 받았다. 고인이 된 남편 그레고르 폰 레초리와 함께 산타막달레나 재단을 공동 창립한 사람이다. 내년 봄 피렌체에서 열리는 제9회 작가 페스티벌에서 특별 강연을 해달라고 요청했다. 강연 주제는 자유지만 어떤 식으로든 글쓰기에 대해 말해달라고 베아트리체가 말했다. 나는 기꺼이 제안을 받아들였으나 몇 년 전 카를로스 푸엔테스가 했던 강연을 떠올리며 다소 불안감을 느끼기도 했다. 난 직접 그의 강연을 듣게

돼 무척 기뻤고 영광스러웠다.

그해 가을 기차 안에서 친구 사라 안토넬리와 함께 혹시 내가 강연하게 된다면 어떤 주제로 할까 이야기했다. 사라 안토넬리는 로마3대학의 영문학 교수이자 너대니얼 호손이나 토머스 하디 같은 내가 좋아하는 작가들 책 몇 권을 번역하기도 했다. 나는 책 제목의 의미를 주제로 해야겠다는 생각을 했다. 책 제목은 우선 제일 먼저 접하게 되는 책의 요소이고, 텍스트를 대표하는 동시에 그것과는 구별된다.

"표지 얘기를 해보는 게 어때요?"

사라가 내게 제안하며 한발 더 나아가 다른 종류의 언어, 시각언어에 대해 생각해보길 권했다. 난 곧 그 말에 영감을 받았다. 피렌체에서 로마로 기차를 타고 오는 내내 함께 얘기를 나누면서 강연을 풀어갈 실마리를 얻었다.

나는 로마에서 이탈리아어로 강연 원고를 썼다. 처음에는 사라가, 나중에는 미켈라 갈리오가 내용을 살펴주었다. 미켈라는 이탈리아 출판사 구안다를 통해 알게 된 편집자로 내 다양한 구상을 책으로 내기 위해 함께 일했었다. 이탈리아어 텍스트는 남편 알베르토 부르불리아스 부시가 번역했다. 맞은편에 영어 텍스트가 있는 오리지널 버전은 산타막달레나 재단에서 페스티벌에 맞추어 브리지다 베커리의 소중한 도움을 받아 소책자 형태로 발간했다. 나는 산타크로체 만찬장에서 2015년 6월 10일에 강연을 했다.

다음 해 미국 출판사 크노프에서 영어판으로 발간하기 위해 나는 이탈리아어와 영어 텍스트를 다시 한 번 살펴봤다. 로마에서 최종적으로 영어 텍스트를 살짝 수정하고 몇 가지 실수를 바로잡았으며 몇몇 새로운 생각을 첨가한 뒤에 이탈리아어 텍스트로 다시 돌아갔다. 이탈리아어 최종판을 내기 위해 이번에는 내가 직접 영어 텍스트를 번역했다. 두 언어를 되풀이 왔다 갔다 하면서 나는 깊은 인상을 받았다. 이렇게 언어를 왔다 갔다 하는 게 얼마나 유용하고 끝이 없는 작업인지 비로소 깨닫게 됐다.

인상 깊었던 또 하나의 사실은 산타막달레나 재단에서 발간한 이탈리아어와 영어 소책자는 내가 말한, 옷을 입지 않은 책의 본보기라는 것이었다. 색깔을 벗은 표지 위에 강연 주제와 내 이름만 있지 쓸데없는 그림 따위 없었으며 페스티벌 로고조차 빠졌다. 두 언어가 실렸던 하나의 책이 두 권으로 분리되어 각각의 언어로 다시 나왔다. 미국판은 표지를 입었고 이탈리아판은 또 다른 표지를 입었다. 처음엔 똑같은 유니폼을 입었다가 나중에 각각의 옷을 입게 된 텍스트 과정이 나는 옳다고 본다.

이탈리아에서 이 작은 책을 발간하기로 결정해준 루이지 브리오쉬와 마지막까지 글을 세심하게 살펴준 친치아 카펠리에게 감사한다.

옮긴이의 말

# 책이 입는 첫 번째 옷에 대하여

이 책은 줌파 라히리가 이탈리아어로 쓴 두 번째 산문집이다. 첫 번째 이탈리아어 산문집 『이 작은 책은 언제나 나보다 크다』에서는 내면의 빈 공간을 채워주고 자아를 실현해줄 새로운 표현 수단으로서 이탈리아어에 매력을 느끼고 언어를 배우는 과정을 그녀의 삶과 연결해 작가 특유의 단순하고 명료한 문체로 진솔하게 드러냈다. 영국 런던의 벵골 출신 이민자 가정에서 태어나 미국에서 성장한 라히리는 정체성의 갈등과 혼란을 영어와 벵골어, 이탈리아어의 관계를 통해 설명했다.

두 번째 산문집 『책이 입은 옷』에서도 정체성의 문제는 우리가 입는 옷, 나아가 그녀의 일부인 책이 입는 옷 즉 표지의 문제로 표현된다. 줌파 라히리에게 옷은 늘 옷 이상의 의미가 있다. 어린 시절 평범한 미국 소녀의 옷을 입길 원했던 작가는 인도 전통 의상을 강요하는 엄마와 갈등을 겪으며 옷이 언어나 음식처럼 우리의 정체성, 문화, 소속을 표현해준다는 걸 경험했다. 미국에서는 물론이고 인도에서도 입고 있던 옷 때문에 이방인으로 인식됐던 두려움이 마음의 그림자로 남아 때와 장소에 어울리는 적당한 옷을 골라 입어야 한다는 중압감에 시달렸고, 차라리 교복 같은 유니폼을 입는 게 간단하지 않을까 생각하기도 한다. 교복은 학생을 어느 학교 학생이라 분류하기도 하고 동일시도 하기 때문에 확고한 정체성과 무명성을 즐길 수 있는 방편이라 생각했기 때문이다.

줌파 라히리의 작품에서는 옷이 하나의 메타포로 자주 사용된다. 왜일까? 남들이 자신의 겉모습이 아닌 내면의 본질 자체를 봐주기를 원하기 때문이다. 피부색, 외모, 입고 있는 옷이 아닌 그녀가 자신의 존재와 세상을 어떻게 바라보고 느끼는지 봐주기를 원한다. 그런 바람은 작품에도 투영된다. 그녀의 말에 덧입혀지는 옷, 즉 책 표지가 아닌 그 안의 내용을 독자들이 봐주기를 바란다. 라히리는 "글 쓰는 과정이 꿈이라면 표지는 꿈에서 깨는 것이다"라고 말한다. 표지는 단순히 책이 입는 첫 번째 옷일 뿐만 아니라 첫 번째 시각적 해석 혹은 출판사의 견해와 갈망이 담긴 홍보용 해석이며, 작가와 독자 사이에 다리 역할을 하면서 작가의 말을 보호해주기도 하지만 상처를 입히기도 하기 때문이다.

그녀는 자신의 책과 표지 사이에 늘 차이, 불균형이 있음을 느낀다. 내용에 걸맞은 표지는 그녀의 말이 세상과 독자를 만나러 가는 동안 말을 감싸주는 우아하고 따뜻한 외투 같지만, 잘못된 표지는 몸에 맞지 않는 거추장스러운 옷이다. 줌파 라히리는 표지의 역할과 필요성을 인정한다. 표지는 책의 정체성을 규정하고 구분하기 위해, 진열대에서 독자의 이목을 끌어 구매에 이르게 하기 위해 필요하다. 하지만 마치 옷이 우리가 말하기도 전에 우리의 뭔가를 나타내주듯, 표지를 입자마자 책은 새로운 개성을 얻고 읽혀지기 전에 벌써 뭔가를 표현한다. 그녀는 이 점을 우려한다. 표지가 작가의 말을 다른 언어로 해석하는 일종의 번역이라면, 번역인 표지가 내용에 충실해야 하는데 내용을 압도할 수도 지배할 수도 있기 때문이다. 표지가 안에 있는 것을 감추는 가면이 될 수도, 함금에 속듯 독자를 유혹하여 기대를 저버릴 수도 있으므로. 즉 진실과 거짓, 겉모습과 현실 사이의 대립을 일으킬 수 있다. 책이 말하는 것과 표지가 말하는 것이 다를 수 있다.

줌파 라히리는 표지가 그녀의 책의 의미와 정신을 반영해주길 바라기에 작가와 표지 디자이너 사이의 상호 교감과 공동 작업을 원한다. 또한 출판사의 과대광고, 불

필요한 많은 정보 제공을 경계한다. 출판사는 재킷의 벨트처럼 띠지까지 둘러가며 표지에 책 제목과 작가 이름뿐만 아니라 작가의 과거 수상 경력과 명성, 다른 비평가들의 논평 등을 실어 독자의 기대감을 높여놓고 구매를 촉구하기도 한다. 표지는 나름의 존재 가치가 있고 독자를 끌어들이는 힘도 있지만, 책이 잘 팔리지 않으면 그 책임을 물어 다른 표지로 교체될 수도 있다. 미적인 목적보다는 상업적 목적으로 휘둘릴 수 있다는 얘기다.

줌파 라히리는 표지가 없는 발가벗은 책을 그리워한다. 학생 시절 그녀가 도서관에서 읽었던 책, 표지를 떼어 하드커버로 묶은 책들은 그 무엇도 먼저 드러내지 않아서 내용을 알려면 책을 읽는 수밖에 없었다. 예상할 수 없고 참조할 것 없는 발가벗은 책에서 작가는 그들의 말로만 자신을 드러냈고, 그래서 자유로운 독서를 가능케 했다. 하지만 표지 없는 책은 출판 시장에서 외면받기에 그녀는 차라리 전집의 표지를 원한다. 전집 표지는 단순하고 진지하며 신뢰감을 주기 때문이다.

작가는 서로 다른 두 정체성 사이에서 평생 갈등을 겪어왔고, 이 갈등에서 자유로워지려 했지만 늘 같은 올가미에 사로잡혔다고 고백한다. 출판사는 작가의 이름과 사진을 보고 인도를 연상시키는 틀에 박힌 것들을 표지로 자주 삼았다. 이런 잘못된 표지는 그녀가 어렸을 때부터 느낀 불안을 자극했다. 나는 누구일까? 난 어떻게 보이고, 어떻게 옷을 입고 있고, 어떻게 인식되고, 어떻게 읽힐까? 작가는 그 질문을 피하기 위해, 그 대답을 찾기 위해서 글을 쓴다. 그녀의 책은 여러 언어로 번역되고 각 나라의 정체성과 집단 취향이 반영돼 표지가 만들어지기 때문에 같은 책이 다른 표지를 입고 나온다. 줌파 라히리는 확실한 정체성을 가지려 애썼지만 영원히 두 충동 사이에서 갈등을 겪을 것이며 오히려 이 혼란스러운 정체성이 그녀를 풍요롭게 할 것이라 말한다.

이 책은 세상을 바라보는 줌파 라히리의 놀라운 직관

력을 다시금 보여준다. 어릴 적 입고 있던 옷으로 많은 놀림을 받으며 자신의 정체성에 대해 심각하게 고민했던 경험이 자신의 일부인 책에 투영되어 표지를 책이 입은 옷, 하나의 강요된 정체성으로 파악했다는 시각이 흥미롭다. 또한 이 책은 출판사와 독자들에게 책을 만들 때의 자세와 책을 구매할 때의 자세에 대해 다시 생각하게 한다. 출판사는 쏟아져 나오는 책들 사이에서 독자의 선택을 받기 위해 관심을 끌 만한 수많은 정보를 표지에 넣고 때로는 내용과 어울리지 않는 디자인을 싣기도 한다. 독자들 역시 작가의 명성과 수상 경력, 매력적인 표지와 문구에 이끌려 책을 선택하는 경우가 많다. 표지에 이끌려 책을 선택했다가 실망한 경험이 한 번쯤은 있을 것이다. 줌파 라히리는 선입견 없이 작가의 말을 봐달라고 부탁한다. 현대 출판 시장의 메커니즘, 본질보다는 겉으로 나타난 현상을 좇는 현대인의 피상적 모습을 드러내는 것 같아 그녀의 온건한 부탁이 그 어느 질책보다

따끔하게 느껴진다.

   작가의 글과 표지, 작가와 표지 디자이너, 예술과 시장 사이의 복잡한 관계를 자신의 삶과 연결시켜 이토록 흥미롭게 풀어낸 줌파 라히리의 능력에 감탄하며, 여기에 적은 옮긴이의 말이 독자가 있는 그대로 작가의 말을 들여다보는 데 방해가 되는 또 하나의 불필요한 지면이 되지 않을까 염려되기도 한다.

2017년 3월

이승수